Karin Groß

Mit Farben und Papieren Fenster dekorieren

Im FALKEN Verlag sind viele weitere Bastelbücher für Kinder und Erwachsene erschienen. Laßt euch in eurer Buchhandlung beraten.

Die Deutsche Bibliothek – CIP-Einheitsaufnahme

Mit Farben und Papieren Fenster dekorieren: Bastelspass mit Kindern ab 5 Jahren / Karin Gross. – Niedernhausen/Ts.: Falken, 1992
  (Schönes Hobby : Kinder)
  ISBN 3-8068-5255-3

ISBN 3 8068 5255 3

© 1992 by Falken-Verlag GmbH, 6272 Niedernhausen /Ts.
Die Verwertung der Texte und Bilder, auch auszugsweise, ist ohne Zustimmung des Verlags urheberrechtswidrig und strafbar. Dies gilt auch für Vervielfältigungen, Übersetzungen, Mikroverfilmung und für die Verarbeitung mit elektronischen Systemen.
Titelbild und Fotos: Michael Zorn, Wiesbaden
Zeichnungen: Daniela Schneider, Frankfurt a. M.
Hamsterillustration: Hartmut Dietrich, Wiesbaden
Reinzeichnung des Vorlagebogens: Ulrike Hoffmann, Bodenheim
Die Ratschläge in diesem Buch sind von der Autorin und vom Verlag sorgfältig erwogen und geprüft, dennoch kann eine Garantie nicht übernommen werden. Eine Haftung der Autorin bzw. des Verlags und seiner Beauftragten für Personen-, Sach- und Vermögensschäden ist ausgeschlossen.
Satz: Fotosatz Boberg, Taunusstein-Wehen
Druck: Auer, Donauwörth

Inhalt

Elefanten —————————————— 4
Die liebenden Vögel ————————— 8
Die grüne Raupe ————————— 12
Delphine ——————————————— 16
Giraffe ———————————————— 18
Die Katze und die Mäuse ——————— 22
Eskimos und Pinguine ——————— 24
Nilpferde im Urwald ————————— 28

Elefanten

Tapetenkleister
Kleisterpinsel
Dünnpackpapier
Fotokarton
Kohlepapier
Kreppapier
Transparentpapier
Bleistift
Schere, Zackenschere
Klebstoff
Wasserfarben, Pinsel

1 Lege das Dünnpackpapier auf den Elefanten vom Vorlagenbogen, und zeichne die Umrisse nach.

Sicher warst du schon einmal im Zoo und hast Elefanten gesehen. Möchtest du zu Hause auch einen oder zwei haben? Ganz leicht nachzubasteln und vor allen Dingen sehr originell wirkt dieser an deiner Fensterscheibe. Rühre in einem Gefäß Tapetenkleister an, mit dem du die ausgeschnittenen Elefanten später an die Scheibe klebst. Keine Angst, liebe Mama, Tapetenkleister und Wasserfarben lassen sich ganz leicht von der Fensterscheibe abwaschen.

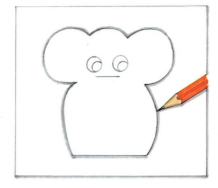

2 Wenn du die Form ausgeschnitten hast, legst du sie auf Dünnpackpapier und fährst mit dem Bleistift herum. Nun den zweiten Elefanten ausschneiden.

3 Übertrage nun den Schwanz, den Rüssel und die Stoßzähne vom Vorlagebogen auf grauen Fotokarton.

5 Wenn der Klebstoff trocken ist, die Elefanten mit Tapetenkleister an die Fensterscheibe kleben.

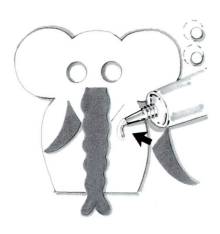

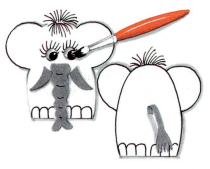

4 Klebe den Rüssel, den Schwanz und die Stoßzähne an den eingezeichneten Stellen mit Klebstoff fest.

6 Mit schwarzer Wasserfarbe malst du die Umrisse nach, gibst den Elefanten Haare und Wimpern und zeichnest Bögen als Zehen auf die Füße. Die Pupillen bis auf das kleine Dreieck schwarz ausmalen.

7 Male nun eine Landschaft um die Elefanten herum, so wie sie dir gefällt. Statt Wasserfarben kannst du dafür auch Fingerfarben verwenden.

8 Wenn du dich auch für ein grünes Blätterdach entschieden hast, kannst du noch Blätter aus grünem Transparent- und Kreppapier mit der Zackenschere ausschneiden und mit Kleister ankleben.
Vorlagen in vier verschiedenen Größen findest du auf dem Bogen.

Die liebenden Vögel

Tapetenkleister
Kleisterpinsel
Schreibpapier
Kohlepapier
Pappe
Tonpapier
Bleistift
Schere
Wasserfarben
Pinsel

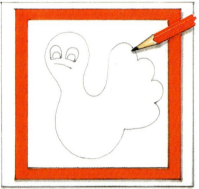

1 Übertrage die Vögel für das Nest vom Vorlagebogen auf weißes Schreibpapier. Lege dazu ein Blatt Kohlepapier zwischen Schreibpapier und Vorlagebogen. Die Umrisse der Augen nicht vergessen.

Weißt du, wo der Vogel sich ein Nest baut? Richtig, auf dem Baum! Hast du Lust, diese schöne Landschaft nachzubasteln und zu malen? Dann geht's los! Rühre in einem Gefäß Tapetenkleister an, damit du die Vögel später an die Fensterscheibe kleben kannst. Gefällt dir deine Fensterdekoration nicht mehr, kannst du die Vögel einfach anfeuchten, abziehen, den Kleister und die Wasserfarben abwaschen und die Scheibe blankputzen. Und nun viel Spaß bei der Arbeit!

2 Die Vögel ausschneiden und mit Tapetenkleister an die Fensterscheibe kleben. Die Augen werden aufgemalt, also nicht ausschneiden.

3 Übertrage einen kleinen und einen großen Raben mit Hilfe von Kohlepapier auf einfache Pappe, und schneide sie aus.

5 Klebe die Raben mit Tapetenkleister so an die Fensterscheibe, daß sie alle mit ihren Füßen den Draht berühren, den du später dazumalen wirst.

4 Lege die Pappformen auf schwarzes Tonpapier, fahre mit dem Bleistift herum, und schneide die Raben aus.

6 Hole dir Pinsel und schwarze Wasserfarbe, und male den kleinen Raben Pupillen in die Augen und Haare auf den Kopf. Dem großen Raben malst du nur kleine Dreiecke in die Pupille, so daß er neugierig nach unten schaut.

7 Nun kannst du auch in Schwarz die Drähte auf die Fensterscheibe malen.

9 Nun erhalten die beiden weißen Vögel ein buntes Gefieder, und du malst den Ast und das Nest, in dem sie sitzen.

8 Den weißen Vögeln gibst du ein paar Federn auf den Kopf, ziehst die Augenumrisse nach und malst ihnen Pupillen.

10 Zum Schluß bekommen alle Vögel rote Schnäbel und die Raben rote Beine und Füße. Gefallen dir auch die roten Herzen?

Die grüne Raupe

Tapetenkleister
Kleisterpinsel
Pappe
Kohlepapier
Buntpapier
Schreibpapier
Bleistift
Schere
Wasserfarben
Pinsel

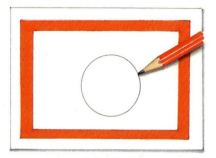

1 Übertrage den Kreis für den Raupenkörper vom Vorlagebogen mit Kohlepapier auf Pappe, und schneide die Schablone aus.

Hallo, gefalle ich dir? Wenn ja, bastele und male mich doch einfach nach. Zum Fressen gern mag ich Äpfel. Meine Freunde, die Mäuse, sind auch da.
Bevor es richtig los geht mit dem Basteln, rührst du den Tapetenkleister in einem Gefäß an.

2 Den Raupenkopf brauchst du nur einmal. Lege Kohlepapier auf das grüne Buntpapier und darüber die Vorlage. Zeichne den Kopf durch, und schneide ihn aus.

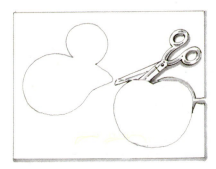

3 Übertrage den Apfel und die Maus vom Vorlagebogen mit Kohlepapier auf Pappe, und schneide beide Formen aus.

5 Mit der Apfelform stellst du auf diese Weise so viele Äpfel aus rotem Buntpapier her, wie du möchtest.

4 Lege den Pappkreis auf grünes Buntpapier, fahre mit dem Bleistift herum, und schneide die Form aus. Stelle so mindestens zehn grüne Kreise her.

6 Nun kommt die Maus an die Reihe. Wie viele sollen deiner Raupe Gesellschaft leisten?

7 Mit Tapetenkleister klebst du zuerst die Äpfel auf die Scheibe. Dann kommt die Raupe, die sich schon durch einen Apfel durchgefressen hat. Zum Schluß die Mäuse.

8 Mit Wasserfarben malst du den Mäusen lange Schwänzchen, Füße, Schnurrbärte und Augen. Die Raupe bekommt schwarze Fühler, Pupillen, Borsten und auch Mund und Nase. Die Äpfel brauchen Stiele, Blätter und Blüten.

Delphine

Tapetenkleister
Kleisterpinsel
Pappe
Kohlepapier
Bleistift
Schere
Wasserfarben
Pinsel

1 Zuerst den Tapetenkleister in einem Gefäß anrühren.

2 Übertrage dann den Delphin vom Vorlagebogen auf Pappe. Lege dazu ein Blatt Kohlepapier zwischen die Pappe und den Vorlagebogen, zeichne den Umriß durch, und schneide die Form aus.

3 Mit Hilfe dieser Pappform fertigst du nun so viele Delphine aus blauem und hellgrünem Buntpapier an, wie du möchtest. Lege die Form auf das Papier, und fahre mit dem Bleistift herum.

4 Schneide die Delphine aus, klebe sie mit Kleister an die Fensterscheibe.

5 Zeichne jedem Delphin ein Auge und ein Maul auf. Dann malst du Wasser und Wellen an die Scheibe, zum Schluß kommt die untergehende rote Sonne. Willst du dein Fensterbild nicht mehr haben, ziehst du zuerst die Delphine ab. Am besten geht das, wenn du das Papier vorher etwas anfeuchtest. Kleister und Wasserfarben lassen sich dann leicht vom Fenster abwaschen.

Giraffe

Tapetenkleister
Kleisterpinsel
Dünnpackpapier
Packpapier
Kohlepapier
Transparentpapier
Kreppapier
Bleistift
Schere, Zackenschere
Wasserfarben
Pinsel

Laß dich nicht so hängen wie dieses Äffchen! Wie wär's mal, das Fenster in deinem Zimmer toll zu dekorieren? Da kommt bestimmt keine Langeweile auf.

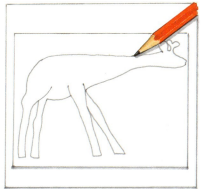
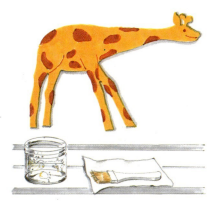

1 Lege das Dünnpackpapier auf die Giraffe vom Vorlagebogen, und zeichne die Linien durch.

3 Klebe die Giraffe mit Tapetenkleister an die Fensterscheibe.

2 Male die Giraffe mit Wasserfarben gelb und braun an. Wenn die Farbe trocken ist, schneide die Figur aus.

4 Übertrage das Äffchen vom Vorlagebogen mit Kohlepapier auf braunes Packpapier, und schneide die Figur aus.

5 Damit das Äffchen sich auch bewegen kann, klebe es nur mit der Hälfte des Schwanzes am Giraffenhals fest.

6 Den Baum und das Gras male mit grüner Wasserfarbe oder auch mit Fingerfarbe an die Fensterscheibe. Die Giraffe erhält einen Schwanz in Braun, die Sonne wird orange.

7 Willst du den Baum noch verschönern, schneide Blätter mit einer Zackenschere aus grünem Transparentpapier und Kreppapier aus. Vorlagen in vier verschiedenen Größen findest du auf dem Bogen.

8 Klebe die Blätter am Stiel mit Kleister an den Baum. Sie bewegen sich dann im Luftzug. Das Fensterputzen ist kinderleicht, wenn du dein Bild nicht mehr magst: Die Papierfiguren einweichen und abziehen, die Wasserfarben und den Kleister abwaschen, und alles ist wieder sauber!

Die Katze und die Mäuse

Tapetenkleister
Kleisterpinsel
Dünnpackpapier
Pappe, Kohlepapier
Schreibpapier
Tonpapier
Bleistift, Schere
Klebstoff
Pfeifenputzer
Flaschenkorken
Wasserfarbe, Pinsel

Wenn die Katze schläft, tanzen die Mäuse auf der Fensterbank herum. Bei dir auch?

1 Übertrage die Katze vom Vorlagebogen direkt auf Dünnpackpapier und das Käsestück mit Kohlepapier auf gelbes Tonpapier. Schneide beide Figuren aus. Klebe die Katze mit dem angerührten Tapetenkleister an die Fensterscheibe.

2 Fertige eine Pappform von der Mausvorlage an (siehe Seite 13), und stelle aus Schreibpapier und aus weißem Tonpapier so viele Mäuse her, wie du möchtest.

3 Wenn du die Mäuse aus Schreibpapier mit Tapetenkleister an die Fensterscheibe geklebt hast, male mit schwarzer Wasserfarbe Füße, Barthaare, Schwänzchen und Augen dazu. Ziehe die Umrisse der Katze nach, und male ihr ein rotes, kuscheliges Kissen.

4 Den Mäusen aus Tonkarton klebst du Schwänzchen und Schnurrbärte aus Pfeifenputzern an. Wie das Käsestück kannst du sie an Fäden am Fensterrahmen aufhängen, oder du klemmst jede in einen halbierten, eingeschnittenen Korken und stellst sie auf die Fensterbank.

Eskimos und Pinguine

Tapetenkleister
Kleisterpinsel
Toilettenpapier
Pappe
Schreibpapier
Kohlepapier
Tonpapier
Buntpapier
Bleistift, Schere
Locher
Wasserfarben, Pinsel

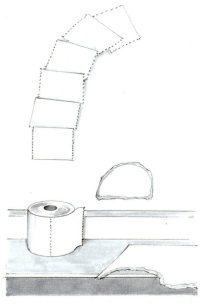

Würde dir diese Eislandschaft an deinem Fenster im Kinderzimmer gefallen? Ja? Na, dann kann es ja losgehen! Ich helfe dir. Rühre zuerst Tapetenkleister in einem Gefäß an. Willst du deine Fensterlandschaft wechseln, feuchte die Papierfiguren an, und ziehe sie einfach ab. Dann wäschst du die Wasserfarben und den Kleister ab. Das Blankputzen überlassen wir jetzt deiner Mama.

1 Nimm die Rolle Toilettenpapier, reiße einzelne Blätter ab, und klebe sie mit Tapetenkleister an die Fensterscheibe. Halte dabei die Form eines Iglus ein. Als Eisschollen eignet sich gerissene weiße Pappe gut. Laß deiner Phantasie freien Lauf, und gestalte die Landschaft so, wie sie dir gefällt.

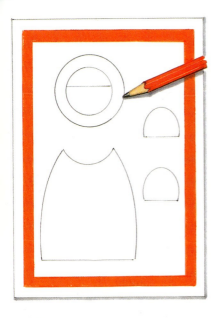

2 Übertrage Kopf, Körper und Schuhe des Eskimos vom Vorlagebogen auf weißes Schreibpapier. Lege dazu Kohlepapier zwischen Schreibpapier und Vorlagen.

3 Schneide die Teile des Eskimos aus, male das Kleid und die Schuhe mit Wasserfarben an, und schneide den Kopf rundherum ein.

4 Kleistere zuerst den Körper an die Fensterscheibe, dann den Kopf und die Schuhe dazu.

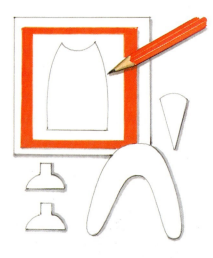

6 Mit Hilfe der Pappformen stellst du so viele Pinguine her, wie du in deiner Landschaft haben möchtest. Für den Körper brauchst du weißes Schreibpapier, für den Frack schwarzes Tonpapier, für die Füße und die Schnäbel rotes Buntpapier. Lege die Form auf, fahre mit dem Bleistift herum, und schneide die Figur aus. Die Augen einfach in den Frack lochen.

5 Nun kommt der Pinguin dran. Übertrage alle Teile (Körper, Frack, Fuß, Schnabel) vom Vorlagebogen mit Kohlepapier auf Pappe, und schneide sie aus.

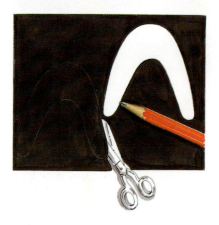

7 Zuerst den Körper mit Tapetenkleister an die Scheibe kleben, dann den Frack. Schnabel und Füße dazukleben, und schon bist du fertig. Toll, was?

8 Zum Schluß kannst du deine Eislandschaft noch mit Wasserfarben verschönern, indem du die Umrisse der Iglu-Eisblöcke nachzeichnest und Wellen um die Eisschollen herum malst.

Nilpferde im Urwald

Tapetenkleister
Kleisterpinsel
Pappe
Buntpapier
Packpapier
Kohlepapier
Transparentpapier
Kreppapier
Bleistift
Schere, Zackenschere
Wasserfarben, Pinsel

1 Übertrage das Nilpferd vom Vorlagebogen auf Pappe. Lege dazu Kohlepapier zwischen die Pappe und die Vorlage.

Hole dir doch einmal einen Urwald mit Nilpferden und einem Äffchen nach Hause! Wenn er dir nicht mehr gefällt, feuchtest du die Papierteile einfach an und ziehst sie ab. Der Kleister und die Wasserfarben können dann abgewaschen werden, und du kannst wieder eine neue Landschaft an dein Fenster zaubern. Rühre zuerst Tapetenkleister in einem Gefäß an.

2 Lege die Pappform auf das Buntpapier und fahre mit dem Bleistift herum. Schneide mehrere Nilpferde aus.

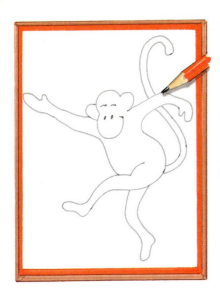

3 Übertrage das Äffchen vom Vorlagebogen auf Packpapier. Nimm dafür Kohlepapier.

4 Klebe die Nilpferde mit Tapetenkleister ziemlich weit unten an die Fensterscheibe.

5 Nun malst du mit Wasserfarben Wellen, so daß die Nilpferde gerade noch aus dem Wasser herausschauen. Male ihnen noch schwarze Pupillen, und zeichne die Umrisse ihrer Mäuler nach und auch die Umrisse des Äffchens. Oben auf die Scheibe kommt ein grüner Urwald, wenn du willst mit bunten Phantasievögeln. Statt Wasserfarben kannst du Fingerfarben nehmen.

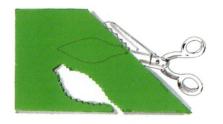

ankleben. Wenn du beim Schneiden einen Rand stehen läßt, erhältst du einen ganzen Lianenvorhang, den du in einem Stück ankleben kannst.

6 Wenn du deinen Urwald noch verschönern willst, schneidest du mit der Zackenschere aus Transparentpapier Blätter zu. Vorlagen in vier Größen findest du auf dem Bogen. Klebe die Blätter am Stiel mit Kleister fest.

8 Zum Schluß den Schwanz des Äffchens einfach mit einer Liane verknoten, so daß es lustig durch den Urwald schwingt.

7 Das Kreppapier für die Lianen mit der Zackenschere der Länge nach in Streifen schneiden und ganz oben an der Scheibe mit Tapetenkleister

SCHÖNES HOBBY
für Kinder

ISBN: 3-8068-**5255**-3

ISBN: 3-8068-**5256**-1

ISBN: 3-8068-**5257**-X

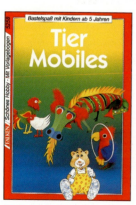

ISBN: 3-8068-**5258**-8

ISBN: 3-8068-**5259**-6

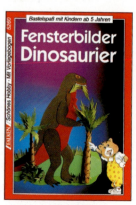

ISBN: 3-8068-**5260**-X